Impressum
Verlag: BABADADA GmbH, Nedderfeld 112 , 22529 Hamburg
Geschäftsführer / Verlagsleitung: Harald Hof
Druck: Books on Demand GmbH, In de Tarpen 42, 22848 Norderstedt

Imprint
Publisher: BABADADA GmbH, Nedderfeld 112 , 22529 Hamburg, Germany
Managing Director / Publishing direction: Harald Hof
Print: Books on Demand GmbH, In de Tarpen 42, 22848 Norderstedt

das Klassenzimmer
classe

dividieren
dividir

186/2

die Tafel
tauler

der Schulhof
pati (de l'escola)

der Lehrer
professor

das Papier
paper

schreiben
escriure

der Stift
estilogràfica

er Schreibtisch
scriptori

das Lineal
regle

das Buch
llibre

die Schüler
estudiant

der Ranzen
bossa

die Federmappe
estoig

der Bleistift
llapis

der Bleistiftanspitzer
maquineta de fer punta

das Radiergummi
goma

der Zeichenblock
bloc de dibuix

die Zeichnung

dibuix

der Pinsel

pinzell

der Malkasten

capsa de pintures

die Schere

tisores

der Klebstoff

cola

das Übungsheft

quadern d'exercicis

die Hausaufgabe

deures

die Zahl

nombre

addieren

afegir

subtrahieren

sostreure

multiplizieren

multiplicar

rechnen

calcular

der Buchstabe

lletra

das Alphabet

alfabet

das Wort

mot

der Text

text

lesen

llegir

die Kreide

guix

die Stunde

lliçó

das Klassenbuch

llibre de classe

die Prüfung

examen

das Zeugnis

certificat

die Schuluniform

uniforme escolar

die Ausbildung

formació

das Lexikon

enciclopèdia

die Universität

universitat

das Mikroskop

microscopi

die Karte

mapa

der Papierkorb

paperera

die Schule - escola

das Hotel
hotel

die Herberge
alberg

die Wechselstube
oficina de canvi

der Koffer
maleta

das Auto
automòbil

die Sprache

llengua

ja / nein

sí / no

Okay

D'acord

Hallo

Ey!

der Übersetzer

traductora

Danke

gràcies

Was kostet...?
Quant costa... ?

Ich verstehe nicht
No entenc

das Problem
problema

Guten Abend!
Bona nit!

Guten Morgen!
bon dia!

Gute Nacht!
bona nit!

Auf Wiedersehen
fins aviat

die Richtung
direcció

das Gepäck
bagatge

die Tasche
bossa

der Rucksack
sarrona

der Gast
convidat

das Zimmer
cambra

der Schlafsack
sac de dormir

das Zelt
tenda

die Touristeninformation

oficina de turisme

der Strand

platja

die Kreditkarte

carta de crèdit

das Frühstück

esmorzar

das Mittagessen

dinar

das Abendessen

sopar

die Fahrkarte

bitllet

der Fahrstuhl

ascensor

die Briefmarke

segell

die Grenze

frontera

der Zoll

duana

die Botschaft

ambaixada

das Visum

visat

der Pass

passaport

das Flugzeug
vol

das Schiff
vaixell

das Feuerwehrauto
automòbil dels bombers

der Bus
bus

der Lastwagen
camió

das Motorboot
llanxa de motor

das Auto
automòbil

das Fahrrad
bicicleta

die Fähre

transbordador

das Boot

barca

das Motorrad

moto

das Polizeiauto

automòbil de policia

das Rennauto

automòbil de curses

der Mietwagen

automòbil de lloguer

das Carsharing

vehicle compartit

der Abschleppwagen

grua

das Müllauto

camió de les escombraries

der Motor

motor

der Kraftstoff

benzina

die Tankstelle

benzineria

das Verkehrsschild

senyal de trànsit

der Verkehr

trànsit

der Stau

embús

der Parkplatz

aparcament

der Bahnhof

estació de trens

die Schienen

vies

der Zug

tren

die Straßenbahn

tramvia

der Wagon

vagó

der Helikopter

helicòpter

der Flughafen

aeroport

der Tower

torre

der Passagier

passatger

der Container

contenidor

der Karton

capsa de cartó

der Karren

carretó

der Korb

cistella

starten / landen

enlairar-se / aterrar

die Stadt
ciutat

das Dorf

poble

das Stadtzentrum

centre de la ciutat

das Haus

casa

das Kino
cinema

die Werbung
anunci

die Straßenlaterne
fanal

die Straße
carrer

das Taxi
taxista

der Kiosk
quiosc

der Fußgänger
pedestre

der Bürgersteig
vorera

der Zebrastreifen
pas de zebra

Mülltonne
eda d'escombraries

die Kreuzung
encreuament

die Ampel
semàfor

die Hütte
cabana

die Wohnung
apartament

der Bahnhof
estació de trens

das Rathaus
casa de la vila-ciutat

das Museum
museu

die Schule
escola

die Universität

universitat

die Bank

banca

das Krankenhaus

hospital

das Hotel

hotel

die Apotheke

farmàcia

das Büro

oficina

die Buchhandlung

llibreria

das Geschäft

botiga

der Blumenladen

floristeria

der Supermarkt

supermercat

der Markt

mercat

das Kaufhaus

gran magatzem

der Fischhändler

peixateria

das Einkaufszentrum

centre comercial

der Hafen

port

die Stadt - ciutat

der Park

parc

die Bank

banc

die Brücke

pont

die Treppe

escala

die U-Bahn

metro

der Tunnel

túnel

die Bushaltestelle

parada d'autobús

die Bar

bar

das Restaurant

restaurant

der Briefkasten

bústia de correu

das Straßenschild

senyal indicador

die Parkuhr

parquímetre

der Zoo

zoo

die Badeanstalt

piscina

die Moschee

mesquita

der Bauernhof

granja

die Umweltverschmutzung

pol·lució

der Friedhof

cementiri

die Kirche

església

der Spielplatz

parc infantil

der Tempel

temple

die Landschaft
paisatge

das Blatt
fulla

der Wegweiser
cartell indicador

der Weg
camí

die Wiese
prat

der Stein
pedra

der Baum
arbre

der Wanderer
excursionista

der Fluss
riu

das Gras
gespa

die Blume
flor

das Tal

vall

der Berg

muntanya

der See

llac

der Wald

bosc

die Wüste

desert

der Vulkan

volcà

das Schloss

castell

der Regenbogen

arc de Sant Martí

der Pilz

bolet

die Palme

palmera

der Moskito

moscard

die Fliege

mosca

die Ameise

formiga

die Biene

abella

die Spinne

aranya

der Käfer

escarabat

der Frosch

granota

das Eichhörnchen

esquirol

der Igel

eriçó

der Hase

llebre

die Eule

òliba

die Vogel

ocell

der Schwan

cigne

das Wildschwein

senglar

der Hirsch

cervo

der Elch

ant

der Staudamm

presa

das Windrad

turbina

das Solarmodul

panell solar

das Klima

clima

der Kellner
cambrer

die Speisekarte
menú

der Stuhl
cadira

die Suppe
sopa

die Pizza
pizza

die Tischdecke
tovalla

das Besteck
coberts

die Vorspeise
primer plat

das Hauptgericht
plat principal

die Nachspeise
darreries

die Getränke
begudes

das Essen
menjar

die Flasche
ampolla

das Fastfood

menjar ràpid

das Streetfood

menjar de carrer

die Teekanne

tetera

die Zuckerdose

sucrer

die Portion

porció

die Espressomaschine

màquina d'espresso

der Hochstuhl

trona

die Rechnung

factura

das Tablett

plata

das Messer

ganivet

die Gabel

forqueta

der Löffel

cullera

der Teelöffel

cullereta

die Serviette

tovalló

das Glas

got

der Teller

plat

der Suppenteller

plat de sopa

die Untertasse

plateret

die Sauce

salsa

der Salzstreuer

saler

die Pfeffermühle

molinet de pebre

der Essig

vinagre

das Öl

oli

die Gewürze

espècies

das Ketchup

quètxup

der Senf

mostassa

die Mayonnaise

maionesa

das Angebot
oferta especial

der Kunde
client

die Milchprodukte
productes lactis

das Obst
fruites

der Einkaufswagen
carret de la compra

die Schlachterei

carnisseria

die Bäckerei

forn de pa

wiegen

pesar

das Gemüse

verdures

das Fleisch

carn

die Tiefkühlkost

menjar congelat

der Aufschnitt

carn freda

die Konserven

conserves

das Waschmittel

detergent en pols

die Süßigkeiten

dolços

die Haushaltsartikel

articles domèstics

das Reinigungsmittel

productes de neteja

die Verkäuferin

venedora

die Kasse

caixa registradora

der Kassierer

caixera

die Einkaufsliste

llista de la compra

die Öffnungszeiten

horari d'obertura

die Brieftasche

portamonedes

die Kreditkarte

carta de crèdit

die Tasche

bossa

die Plastiktüte

bossa de plàstic

das Wasser

aigua

der Saft

suc

die Milch

llet

die Cola

coca-cola

der Wein

vi

das Bier

cervesa

der Alkohol

alcohol

der Kakao

cacau

der Tee

te

der Kaffee

cafè

der Espresso

espresso

der Cappuccino

cappuccino

die Banane

banana

der Apfel

poma

die Orange

taronja

die Melone

síndria

die Zitrone

llimona

die Karotte

pastanaga

der Knoblauch

all

der Bambus

bambú

die Zwiebel

ceba

der Pilz

bolet

die Nüsse

avellanes

die Nudeln

fideus

die Spaghetti

espaguetis

der Reis

arròs

der Salat

amanida

die Pommes frites

patates fregides

die Bratkartoffeln

patates fregides

die Pizza

pizza

der Hamburger

hamburguesa

das Sandwich

entrepà

das Schnitzel

escalopa

der Schinken

cuixot

die Salami

salami

die Wurst

salsitxa

das Huhn

pollastre

der Braten

rostit

der Fisch

peix

das Essen - menjar

die Haferflocken

flocs de civada

das Müsli

musli

die Cornflakes

cereals

das Mehl

farina

das Croissant

croissant

das Brötchen

panet

das Brot

pa

der Toast

torrada

die Kekse

bescuits

die Butter

mantega

der Quark

mató

der Kuchen

pastís

das Ei

ou

das Spiegelei

ou fregit

der Käse

formatge

die Eiscreme

gelat

der Zucker

sucre

der Honig

mel

die Marmelade

melmelada

die Nougat-Creme

crema de xocolata

das Curry

curri

das Essen - menjar

das Bauernhaus
granja

der Strohballen
bala de palla

die Scheune
graner

das Feld
camp

das Pferd
cavall

der Anhänger
remolc

das Fohlen
poltre

der Traktor
tractor

der Esel
ase

das Schaf
ovella

das Lamm
xai

die Ziege

cabra

die Kuh

vaca

das Kalb

vedella

das Schwein

porc

das Ferkel

garrí

der Bulle

bou

die Gans

oca

die Ente

ànec

das Küken

poll

das Huhn

gall

der Hahn

gallina

die Ratte

rata

die Katze

gat

die Maus

ratolí

der Ochse

bou

der Hund

gos

die Hundehütte

gossera

der Gartenschlauch

mànega de regar

die Gießkanne

regadora

die Sense

dalla

der Pflug

arada

28   der Bauernhof - granja

die Sichel

falç

die Hacke

aixada

die Mistgabel

forca

die Axt

destral

die Schubkarre

carretó

der Trog

abeurador

die Milchkanne

lletera

der Sack

sac

der Zaun

tanca

der Stall

establa

das Treibhaus

hivernacle

der Boden

sòl

die Saat

llavor

der Dünger

adob

der Mähdrescher

collidora

der Bauernhof - granja

ernten

collir

die Ernte

collita

die Yamswurzel

nyam

der Weizen

blat

das Soja

soja

die Kartoffel

patata

der Mais

blat de moro o d'indi

der Raps

colza

der Obstbaum

arbre fruiter

der Maniok

mandioca

das Getreide

cereals

der Schornstein
fumera

das Dach
teulada

die Regenrinne
canaló

das Fenster
finestra

die Garage
garatge

die Klingel
campana

die Tür
porta

der Mülleimer
galleda de les escombraries

der Briefkasten
bústia de correu

der Garten
jardí

das Wohnzimmer
sala d'estar

das Badezimmer
bany

die Küche
cuina

das Schlafzimmer
cambra de dormir

das Kinderzimmer
cambra de nen

das Esszimmer
menjador

der Boden
sòl

die Wand
paret

die Decke
sostre

der Keller
soterrani

die Sauna
sauna

der Balkon
balcó

die Terrasse
terrassa

das Schwimmbad
piscina

der Rasenmäher
tallagespa

der Bettbezug
vànova

die Bettdecke
cobrellit

das Bett
llit

der Besen
escombra

der Eimer
galleda

der Schalter
interruptor

die Tapete
paper de paret

das Bild
quadre

die Lampe
làmpada

das Regal
prestatge

der Schrank
armari

der Kamin
escalfapanxes

der Fernseher
televisor

die Blume
flor

das Kissen
coixí

das Sofa
sofà

die Vase
gerro

die Fernbedienung
telecomanda

der Teppich
catifa

der Vorhang
cortina

der Tisch
taula

der Stuhl
cadira

der Schaukelstuhl
cadira gronxadora

der Sessel
cadiral

das Buch

llibre

die Decke

llençol

die Dekoration

decoració

das Feuerholz

llenya

der Film

film

die Stereoanlage

cadena de música

der Schlüssel

clau

die Zeitung

diari

das Gemälde

pintura

das Poster

cartell

das Radio

ràdio

der Notizblock

bloc de notes

der Staubsauger

aspiradora

der Kaktus

cactus

die Kerze

candela

der Kühlschrank
refrigerador

die Mikrowelle
microones

die Küchenwaage
balança de cuina

der Toaster
torradora

das Reinigungsmittel
detergent per a plats

der Backofen
forn

das Gefrierfach
congelador

der Mülleimer
galleda de les escombraries

der Geschirrspüler
rentaplats

der Herd
cuina de fogons

der Topf
olla

der Eisentopf
olla de ferro colat

der Wok / Kadai
wok / karahi

die Pfanne
paella

der Wasserkocher
bullidor

der Dampfgarer

olla de vapor

das Backblech

plata de forn

das Geschirr

vaixella

der Becher

tassa grossa

die Schale

bol

die Essstäbchen

bastonets xinesos

die Suppenkelle

culler

der Pfannenwender

espàtula

der Schneebesen

batedor

das Kochsieb

colador

das Sieb

sedàs

die Reibe

ratllador

der Mörser

morter

der Grill

barbacoa

die Feuerstelle

foc a terra

das Schneidebrett

taula de tallar

das Nudelholz

corró

der Korkenzieher

llevataps

die Dose

pot de conserva

der Dosenöffner

obridor

der Topflappen

agafador

das Waschbecken

aigüera

die Bürste

raspall

der Schwamm

esponja

der Mixer

batedora

die Gefriertruhe

congelador

die Babyflasche

biberó

der Wasserhahn

aixeta

die Küche - cuina

die Dusche
dutxa

die Heizung
calefacció

das Handtuch
tovallola

der Duschvorhang
cortina de dutxa

das Schaumbad
bany de bombolles

die Badewanne
banyera

das Glas
got

die Waschmaschine
rentadora

der Wasserhahn
aixeta

die Fliesen
rajoles

das Töpfchen
orinal

das Waschbecken
aigüera

die Toilette
lavabo

die Hocktoilette
lavabo turc

das Bidet
bidet

das Pissoir
orinador

das Toilettenpapier
paper higiènic

die Toilettenbürste
escombreta de sanitari

die Zahnbürste

raspall de dents

die Zahnpasta

pasta de dents

die Zahnseide

fil dental

waschen

rentar

die Handbrause

pom de dutxa

die Intimdusche

dutxa íntima

die Waschschüssel

rentamans

die Rückenbürste

raspall per a l'esquena

die Seife

sabó

das Duschgel

gel de dutxa

das Shampoo

xampú

der Waschlappen

manyopla de bany

der Abfluss

bonera

die Creme

crema

das Deodorant

desodorant

der Spiegel
mirall

der Kosmetikspiegel
mirall-espill de mà

der Rasierer
maquineta de rasar

der Rasierschaum
espuma de barbejar

das Rasierwasser
loció post-rasada

der Kamm
pinta

die Bürste
raspall

der Föhn
eixugador

das Haarspray
laca

das Makeup
maquillatge

der Lippenstift
pintallavis

der Nagellack
esmalt d'ungles

die Watte
cotó

die Nagelschere
tallaungles

das Parfum
perfum

der Kulturbeutel

estoig de bellesa

der Hocker

tamboret

die Waage

bàscula

der Bademantel

barnús

die Gummihandschuhe

guants de goma

das Tampon

compresa higiènica

die Damenbinde

compresa

die Chemietoilette

sanitari químic

der Wecker
despertador

das Kuscheltier
animal de peluix

das Spielzeugauto
auto de joguina

die Rassel
sonall

das Puppenhaus
casa de nines

das Geschenk
present

der Ballon
baló

das Bett
llit

der Kinderwagen
cotxet per a nens

das Kartenspiel
joc de cartes

das Puzzle
trencaclosca

der Comic
historieta

die Legosteine

peces de lego

die Bausteine

peces de construcció

die Action Figur

ninot d'acció

der Strampelanzug

granota

das Frisbee

frisbee

das Mobile

mòbil per a bressol

das Brettspiel

joc de taula

der Würfel

daus

die Modelleisenbahn

tren elèctric

der Schnuller

xumet

die Party

festa

das Bilderbuch

llibre de dibuixos

der Ball

pilota

die Puppe

nina

spielen

jugar

der Sandkasten
sorrera

die Schaukel
gronxador

das Spielzeug
joguines

die Spielkonsole
consola de jocs de vídeo

das Dreirad
tricicle

der Teddy
osset de peluix

der Kleiderschrank
armari

die Kleidung
roba

die Socken
mitjons

die Strümpfe
mitges

die Strumpfhose
mitja pantaló

der Schal
tapacoll

der Regenschirm
paraigua

das T-Shirt
camiseta

der Gürtel
cintura

die Hausschuhe
plantofes

der Stiefel
botes

die Turnschuhe
sabates d'esport

die Sandalen
sandàlies

die Schuhe
sabates

die Gummistiefel
botes de goma

die Unterhose
calçonets

der Büstenhalter
sostenidor

das Unterhemd
guardapits

die Kleidung - roba

45

der Body

jjustacòs

die Hose

pantalons

die Jeans

jeans

der Rock

faldeta

die Bluse

brusa

das Hemd

camisa

der Pullover

jersei

der Kapuzenpullover

dessuadora

der Blazer

blazer

die Jacke

jaqueta

der Mantel

mantell

der Regenmantel

impermeable

das Kostüm

vestit de dona

das Kleid

vestit de dona

das Hochzeitskleid

vestit de núvia

der Anzug

vestit d'home

das Nachthemd

camisa de dormir

der Schlafanzug

pijama

der Sari

sari

das Kopftuch

mocador de cap

der Turban

turbant

die Burka

burca

der Kaftan

caftan

die Abaya

abaia

der Badeanzug

vestit de bany

die Badehose

calçon(et)s de bany

die kurze Hose

pantalons curts

der Trainingsanzug

xandall

die Schürze

davantal

die Handschuhe

guants

der Knopf

botó

die Brille

ulleres

das Armband

braçalet

die Halskette

collaret

der Ring

anell

der Ohrring

orellera

die Mütze

casquet

der Kleiderbügel

penjador

der Hut

capell

die Krawatte

corbata

der Reißverschluss

cremallera

der Helm

casc

der Hosenträger

elàstics

die Schuluniform

uniforme escolar

die Uniform

uniforme

die Kleidung - roba

das Lätzchen

pitet

der Schnuller

xumet

die Windel

bolquer

das Büro
oficina

der Server
servidor

der Aktenschrank
armari arxivador

as Papier
aper

der Drucker
impressora

der Monitor
monitor

der Schreibtisch
escriptori

die Maus
ratolí

der Ordner
arxivador

die Tastatur
teclat

der Papierkorb
paperera

der Computer
ordinador

der Stuhl
cadira

der Kaffeebecher

tassa de cafè

der Taschenrechner

calculadora

das Internet

Internet

der Laptop

ordinador portàtil

der Brief

lletra

die Nachricht

missatge

das Handy

mòbil

das Netzwerk

xarxa

der Kopierer

fotocopiadora

die Software

programari

das Telefon

telèfon

die Steckdose

presa de corrent

das Fax

fax

das Formular

formulari

das Dokument

document

kaufen

comprar

bezahlen

pagar

handeln

comerciar

das Geld

diners

der Dollar

dòlar

der Euro

euro

der Yen

ien

der Rubel

ruble

der Franken

franc suís

der Renminbi Yuan

renminbi

die Rupie

rupia

der Geldautomat

caixa automàtica

die Wechselstube

oficina de canvi

das Gold

or

das Silber

argent

das Öl

petroli

die Energie

energia

der Preis

preu

der Vertrag

contracte

die Steuer

impost

die Aktie

acció

arbeiten

treballar

der Angestellte

treballador

der Arbeitgeber

empresari

die Fabrik

fàbrica

das Geschäft

botiga

der Feuerwehrmann
bomber

der Polizist
oficial de policia

der Koch
cuiner

der Arzt
doctora

der Pilot
pilot

der Gärtner

jardiner

der Tischler

fuster

die Näherin

costurera

der Richter

jutge

der Chemiker

química

der Schauspieler

actor

der Busfahrer

conductor d'autobús

der Taxifahrer

taxista

der Fischer

pescador

die Putzfrau

dona de la neteja

der Dachdecker

ensostrador

der Kellner

cambrer

der Jäger

caçador

der Maler

pintor

der Bäcker

forner

der Elektriker

electricista

der Bauarbeiter

obrer de la construcció

der Ingenieur

enginyer

der Schlachter

carnisser

der Klempner

llanterner

der Postbote

correu

der Soldat

soldat

der Architekt

arquitecte

der Kassierer

caixera

der Florist

florista

der Friseur

perruquer

der Schaffner

revisor

der Mechaniker

mecànic

der Kapitän

capità

der Zahnarzt

dentista

der Wissenschaftler

científic

der Rabbi

rabí

der Imam

imam

der Mönch

monjo

der Geistliche

capellà

der Hammer
martell

die Zange
tenalles

der Schraubendreher
descaragolador

der Schraubenschlüssel
clau anglesa

die Taschenla
llanterna

der Bagger

excavadora

der Werkzeugkasten

caixa d'eines

die Leiter

escala

die Säge

serra

die Nägel

claus

der Bohrer

trepant

reparieren
reparar

die Schaufel
pala

Mist!
Maleït siga!

das Kehrblech
pala

der Farbtopf
pot de pintura

die Schrauben
caragols

die Musikinstrumente
instrument de música

der Lautsprecher
altaveu

das Schlagzeug
bateria

die Gitarre
guitarra

der Kontrabass
contrabaix

die Trompete
trompeta

das Klavier

piano

die Violine

violí

der Bass

baix

die Pauke

timbal

die Trommeln

tambor

das Keyboard

teclat

das Saxophon

saxofon

die Flöte

flauta

das Mikrofon

micròfon

die Musikinstrumente - instrument de música

der Eingang
entrada

der Tiger
tigre

der Käfig
gàbia

das Zebra
zebra

das Tierfutter
aliment per a animals

der Panda
ós panda

die Tiere

animals

der Elefant

elefant

das Känguruh

cangurú

das Nashorn

rinoceront

der Gorilla

goril·la

der Bär

ós

das Kamel

camell

der Strauß

estruç

der Löwe

lleó

der Affe

simi

der Flamingo

flamenc

der Papagei

papagai

der Eisbär

ós polar

der Pinguin

pingüí

der Hai

ca mari

der Pfau

paó

die Schlange

serp

das Krokodil

cocodril

der Zoowärter

guardià del zoo

die Robbe

foca

der Jaguar

jaguar

der Zoo - zoo

das Pony

poni

der Leopard

lleopard

das Nilpferd

hipopòtam

die Giraffe

girafa

der Adler

àliga

das Wildschwein

senglar

der Fisch

peix

die Schildkröte

tortuga

das Walross

morsa

der Fuchs

guineu

die Gazelle

gasela

das American Football
futbol americà

das Radfahren
ciclisme

das Tennis
tenis

der Basketball
bàsquet

das Schwimmen
natació

das Boxen
boxa

das Eishockey
hoquei sobre gel

der Fußball
futbol americà

das Badminton
bàdminton

die Leichtathletik
atletisme

der Handball
handbol

das Skilaufen
esquí

das Polo
polo

lachen
riure

springen
saltar

umarmen
abraçar

gehen
anar

singen
cantar

träumen
somiar

beten
pregar

küssen
fer un petó

schreiben

escriure

zeichnen

dibuixar

zeigen

mostrar

drücken

pitjar

geben

donar

nehmen

prendre

haben
tenir

tun
fer

sein
ésser

stehen
estar dret

laufen
córrer

ziehen
estirar

werfen
llançar

fallen
caure

liegen
jeure

warten
esperar

tragen
portar

sitzen
asseure's

anziehen
vestir-se

schlafen
dormir

aufwachen
despertar-se

die Aktivitäten - activitats

ansehen

mirar

weinen

plorar

streicheln

amoixar

kämmen

pentinar

reden

parlar

verstehen

comprendre

fragen

demanar

hören

escoltar

trinken

beure

essen

menjar

aufräumen

endreçar

lieben

estimar

kochen

cuinar

fahren

conduir

fliegen

volar

die Aktivitäten - activitats

segeln

navegar

rechnen

calcular

lesen

llegir

lernen

aprendre

arbeiten

treballar

heiraten

casar-se

nähen

cosir

Zähne putzen

raspallar-se les dents

töten

matar

rauchen

fumar

senden

enviar

Großmutter

der Großvater
avi

der Vater
pare

die Mutter
mare

das Baby
nadó

die Tochter
filla

der Sohn
fill

der Gast

convidat

die Tante

tia

der Onkel

oncle

der Bruder

germà

die Schwester

germana

die Stirn
front

das Auge
ull

das Gesicht
cara

die Schulter
espatlla

der Finger
dit

das Kinn
barbeta

die Hand
mà

die Brust
pit

das Bein
cama

der Arm
braç

das Baby

nadó

der Mann

home

die Frau

dona

das Mädchen

noia

der Junge

noi

der Kopf

cap

der Rücken

esquena

der Bauch

panxa

der Nabel

melic

der Zeh

dit gros del peu

die Ferse

taló

der Knochen

os

die Hüfte

maluc

das Knie

genoll

der Ellenbogen

colze

die Nase

nas

das Gesäß

cul

die Haut

pell

die Wange

galta

das Ohr

orella

die Lippe

llavi

der Mund

boca

der Zahn

dent

die Zunge

llengua

das Gehirn

cervell

das Herz

cor

der Muskel

múscul

die Lunge

pulmó

die Leber

fetge

der Magen

estómac

die Nieren

ronyó

der Geschlechtsverkehr

relació sexual

das Kondom

preservatiu

die Eizelle

ovari

das Sperma

semen

die Schwangerschaft

prenyat

der Körper - cos

die Menstruation

menstruació

die Vagina

vagina

der Penis

penis

die Augenbraue

cella

das Haar

cabells

der Hals

coll

das Krankenhaus
hospital

der Krankenwagen
ambulància

der Rollstuhl
cadira de rodes

der Bruch
fractura

der Arzt
doctora

die Notaufnahme
sala d'urgències

die Krankenschwester
infermera

der Notfall
urgència

ohnmächtig
inconscient

der Schmerz
dolor

die Verletzung

ferida

die Blutung

sagnament

der Herzinfarkt

atac de cor

der Schlaganfall

apoplexia

die Allergie

al·lèrgia

der Husten

tos

das Fieber

febre

die Grippe

gripa

der Durchfall

diarrea

die Kopfschmerzen

mal de cap

der Krebs

càncer

die Diabetis

diabetis

der Chirurg

cirurgià

das Skalpell

escalpel

die Operation

operació

das CT

tomografia computada (TC), TAC

das Röntgen

raigs x

das Ultraschall

ultrasò

die Maske

mascareta

die Krankheit

malaltia

das Wartezimmer

sala d'espera

die Krücke

crossa

das Pflaster

tireta

der Verband

embenat

die Injektion

injecció

das Stethoskop

estetoscopi

die Trage

llitera

das Thermometer

termòmetre clínic

die Geburt

pariment

das Übergewicht

sobrepès

das Hörgerät

aparell auditiu

das Desinfektionsmittel

desinfectant

die Infektion

infecció

das Virus

virus

das HIV / AIDS

VIH / SIDA

die Medizin

medicina

die Impfung

vaccí

die Tabletten

comprimits

die Pille

píl·lola

der Notruf

trucada d'urgència

das Blutdruck-Messgerät

tensiòmetre

krank / gesund

malalt / sà

das Krankenhaus - hospital

Hilfe!

Socors!

der Alarm

alarma

der Überfall

assalt

der Angriff

atac

die Gefahr

perill

der Notausgang

sortida-eixida d'urgència

Feuer!

Foc!

der Feuerlöscher

extintor

der Unfall

accident

der Erste-Hilfe-Koffer

farmaciola de primers
auxilis

SOS

SOS

die Polizei

policia

das Europa

Europa

das Nordamerika

Amèrica del Nord

das Südamerika

Amèrica del Sud

das Afrika

Àfrica

das Asien

Àsia

das Australien

Austràlia

der Atlantik

Atlàntic

der Pazifik

Pacífic

der Indische Ozean

Oceà Índic

der Antarktische Ozean

Oceà Antàrtic

der Arktische Ozean

Oceà Àrtic

der Nordpol

pol nord

der Südpol

pol sud

die Antarktis

Antàrtida

die Erde

terra

das Land

país

das Meer

mar

die Insel

illa

die Nation

nació

der Staat

estat

das Zifferblatt

quadrant

der Stundenzeiger

agulla de les hores

der Minutenzeiger

agulla dels minuts

der Sekundenzeiger

agulla dels segons

Wie spät ist es?

Quina hora és?

der Tag

dia

die Zeit

temps

jetzt

ara

die Digitaluhr

rellotge digital

die Minute

minut

die Stunde

hora

die Woche

setmana

der Montag
dilluns

der Mittwoch
dimecres

der Freitag
divendres

der Samstag
dissabte

der Dienstag
dimarts

der Donnerstag
dijous

der Sonntag
diumenge

gestern

ahir

heute

avui

morgen

demà

der Morgen

matí

der Mittag

migdia

der Abend

tarda

MO	TU	WE	TH	FR	SA	SU
1	2	3	4	5	6	7
8	9	10	11	12	13	14
15	16	17	18	19	20	21
22	23	24	25	26	27	28
29	30	31	1	2	3	4

die Arbeitstage

dia feiner

MO	TU	WE	TH	FR	SA	SU
1	2	3	4	5	6	7
8	9	10	11	12	13	14
15	16	17	18	19	20	21
22	23	24	25	26	27	28
29	30	31	1	2	3	4

das Wochenende

cap de setmana

der Regen
pluja

der Regenbogen
arc de Sant Martí

der Schnee
neu

der Wind
vent

der Frühling
primavera

der Herbst
tardor

der Sommer
estiu

der Winter
hivern

4. APRIL	11°	
5. APRIL	4°	
6. APRIL	13°	
7. APRIL	8°	
8. APRIL	10°	

die Wettervorhersage

pronòstic del temps

das Thermometer

termòmetre

der Sonnenschein

llum del sol

die Wolke

núvol

der Nebel

boira

die Luftfeuchtigkeit

humiditat de l'aire

der Blitz

llamp

der Donner

tro

der Sturm

tempesta

der Hagel

calamarsa

der Monsun

monsó

die Flut

inundació

das Eis

gel

der Januar

gener

der Februar

febrer

der März

març

der April

abril

der Mai

maig

der Juni

juny

der Juli

juliol

der August

agost

der September
....
setembre

der Oktober
....
octubre

der November
....
novembre

der Dezember
....
desembre

die Formen
formes

der Kreis
....
cercle

das Quadrat
....
quadrat

das Rechteck
....
rectangle

das Dreieck
....
triangle

die Kugel
....
esfera

der Würfel
....
cub

weiß

blanc

gelb

groc

orange

taronja

pink

rosa

rot

vermell

lila

lila

blau

blau

grün

verd

braun

marró

grau

gris

schwarz

negre

viel / wenig
....
molt / poc

wütend / friedlich
....
emprenyat / tranquil

hübsch / hässlich
....
bonic / lleig

der Anfang / das Ende
....
començament / fi

groß / klein
....
gran / petit

hell / dunkel
....
clar / fosc

er Bruder / die Schwester
....
germà / germana

sauber / schmutzig
....
net / brut

vollständig / unvollständig
....
complet / incomplet

der Tag / die Nacht
....
dia / nit

tot / lebendig
....
mort / viu

breit / schmal
....
ample / estret

genießbar / ungenießbar

comestible / immenjable

böse / freundlich

dolent / amable

aufgeregt / gelangweilt

entusiasmat / entediat

dick / dünn

gros / prim

zuerst / zuletzt

primer / darrer

der Freund / der Feind

amic / enemic

voll / leer

ple / buit

hart / weich

dur / tou

schwer / leicht

pesant / lleuger

der Hunger / der Durst

gana / set

krank / gesund

malalt / sà

illegal / legal

il·legal / legal

intelligent / dumm

intel·ligent / ximple

links / rechts

esquerra / dreta

nah / fern

prop / llunyà

neu / gebraucht

nou / usat

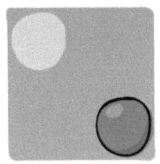

nichts / etwas

res / quelcom

alt / jung

vell / jove

an / aus

encès / apagat

offen / geschlossen

obert / tancat

leise / laut

silenciós / sorollós

reich / arm

ric / pobre

richtig / falsch

correcte / incorrecte

rau / glatt

aspre / suau

traurig / glücklich

trist / content

kurz / lang

curt / llarg

langsam / schnell

lent / ràpid

nass / trocken

humit / sec - eixut

warm / kühl

calent / fred

der Krieg / der Frieden

guerra / pau

0	**1**	**2**
null	eins	zwei
zero	u	dos

3	**4**	**5**
drei	vier	fünf
tres	quatre	cinc

6	**7**	**8**
sechs	sieben	acht
sis	set	vuit

9	**10**	**11**
neun	zehn	elf
nou	deu	onze

12

zwölf
dotze

13

dreizehn
tretze

14

vierzehn
catorze

15

fünfzehn
quinze

16

sechzehn
setze

17

siebzehn
disset

18

achtzehn
divuit

19

neunzehn
dinou

20

zwanzig
vint

100

hundert
cent

1.000

tausend
mil

1.000.000

million
milió

Englisch

anglès

Amerikanisches Englisch

anglès americà

Chinesisch Mandarin

xinès mandarí

Hindi

hindi

Spanisch

espanyol

Französisch

francès

Arabisch

àrab

Russisch

rus

Portugiesisch

portuguès

Bengalisch

bengalí

Deutsch

alemany

Japanisch

japonès

ich

jo

du

tu

er / sie / es

ell / ella / allò

wir

nosaltres

ihr

vosaltres

sie

ells

wer?

qui?

was?

què?

wie?

com?

wo?

on?

wann?

quan?

Name

nom

hinter

darrere

in

en

vor

davant de

über

damunt

auf

sobre

unter

sota

neben

al costat

zwischen

entre

der Ort

lloc